Georg Domian

WIE PFERDE LERNEN

- Lernverhalten und Lernmethoden –

BoD – Books on Demand, Norderstedt

Bibliografische Information der Deutschen Nationalbibliothek:
Die Deutsche Nationalbibliothek verzeichnet diese Publikation
in der Deutschen Nationalbibliografie; detaillierte bibliografische
Daten sind im Internet über http://dnb.dnb.de abrufbar.

© 2020 Georg Domian
Herstellung und Verlag:
BoD – Books on Demand, Norderstedt

ISBN: 9783750482500

Vorwort

Pferde verstehen - das ist der Schlüssel für eine partnerschaftliche Beziehung zwischen Mensch und Pferd, geprägt von gegenseitigem Respekt und Vertrauen. Mehr Verständnis für das Pferd führt zu weniger Missverständnissen in der Kommunikation, dem eigentlichen Problem bei der Ausbildung. Pferde sind grundsätzlich zur Mitarbeit bereit. Es sind fast immer Verständigungsschwierigkeiten, die das Pferd ungehorsam und widersetzlich erscheinen lassen. Wer bereit ist, sich mit der Psyche der Pferde auseinanderzusetzen, wird es leichter haben, sie zu motivieren und zu einem harmonischen Miteinander zu gelangen.

In meinem Buch "Ausbildung für Pferd und Reiter" sind bereits viele Hinweise auf Lernverhalten, Lern- und Lehrmethoden und über Kommunikation erfolgt. Der Wunsch nach einer systematischen Zusammenfassung und einer Vertiefung der Thematik gab den Anstoß für die folgenden Seiten.

Das weite Feld der Lern- und Verhaltenspsychologie auf das Wesentliche zu beschränken, Sachverhalte möglichst kurz zu erklären und einen Praxisbezug zum Pferdealltag herzustellen, war die Absicht des Autors.

Georg Domian

Ethologie

Die frei lebende Herde

Foto: Silvia M. Lang

Pferde sind von Natur aus Flucht- und Beutetiere, die im Herdenverband leben. Als Einzelgänger hätten sie kaum Überlebenschancen. Die Herde bietet ihnen den größtmöglichen Schutz vor Feinden und ermöglicht gleichzeitig die Pflege sozialer Kontakte. Eine frei lebende Herde besteht aus einer Gruppe von durchschnittlich 20 bis 30 Tieren, einem Leithengst, seinen Stuten und den Jungtieren. Der Leithengst ist der einzige geschlechtsreife Hengst in der Herde. Er deckt die Stuten und verteidigt seine Herde gegen eventuelle Angreifer oder Konkurrenten. Die eigentliche Führung übernimmt die Leitstute. Sie ist eine unumstrittene Autorität, deren "Anweisungen" von allen Herdenmitgliedern bedingungslos befolgt werden. Dieses Prinzip der Folgsamkeit ist für Pferde überlebenswichtig. Es bildet die Grundlage für das Zusammenleben in der Herde und bietet bei einer Flucht die größte Sicherheit.

Die Rangordnung

Alle höheren Lebenswesen, die in einer Gemeinschaft leben, haben im Laufe der Evolution eine soziale Struktur entwickelt. Fast immer eine hierarchische Form mit autoritärer Führung, in der Position, Rechte und Pflichten der Mitglieder geregelt und für eine gewisse Zeit festgelegt sind.

Mehr Spaß als Ernst   Foto: Shutterstock

Bei Pferden ist das nicht anders. Die autoritäre Führung der Leitstute und die klare Regelung der Rangordnung garantieren das Prinzip der Folgsamkeit. Jeder folgt dem Ranghöheren und alle folgen der Leitstute. Dabei kann die Rangfolge sich durchaus ändern. Wichtig ist, jeder kennt seinen Platz.

Ursachen für Änderungen in der Hierarchie einer Herde sind meistens Alterungsprozesse. (Jungpferde werden eingeordnet und ältere oder schwächere Tiere werden in ihrer Position nicht mehr akzeptiert.) Bei Pferden, die auf einer Weide eine künstliche Herde bilden, sind es hauptsächlich die Neuzugänge, die einen regelrechten Dominoeffekt in der Rangordnung hervorrufen können.

Die Neuordnung ist selten das Ergebnis von heftigen Kämpfen. Sie wird meistens sehr subtil ausgemacht. Dabei geht es immer um die Frage: Wer bewegt wen? Der Ranghöhere bestimmt den Bewegungsspielraum des Rangniedrigeren. Wer ausweicht oder sich vertreiben lässt, hat den anderen als Ranghöheren akzeptiert.

Nonverbale Kommunikation

Herdentiere müssen zwangsläufig miteinander kommunizieren. Als Flucht- und Beutetiere müssen sie sich möglichst lautlos verhalten. Dieser scheinbare Widerspruch hat dazu geführt, dass Pferde im Laufe der Evolutionsgeschichte ihre eigene lautlose Sprache entwickelt haben. Eine Körpersprache, die im Wesentlichen aus Mimik und Gestik besteht. Aber auch die Stellung zueinander (Position und Winkel) haben eine Signalwirkung und sind von großer Bedeutung.

Pferde beobachten ihre Umwelt sehr aufmerksam. Sie achten auf kleinste Veränderungen und haben ein äußerst feines Gespür für Stimmungen. Das führt häufig dazu, dass sie unsere Absichten bereits erkennen, bevor wir uns der Handlung selbst bewusst werden.

Körpersprachliche Signale

Die folgenden Bilder zeigen nur einen kleinen Ausschnitt aus der Vielfalt der körpersprachlichen Signale. Dabei sind die Botschaften, die von Augen, Ohren, Nüstern, Lippen, Kopf-, Hals-, Bein- und Schweifhaltung ausgehen, immer nur im Kontext mit dem gesamten Körper zu sehen. So kann zum Beispiel ein angewinkeltes Hinterbein sowohl eine totale Entspannung als auch eine aggressive Drohung bedeuten. Angelegte Ohren sind nicht unbedingt eine Drohgebärde, und ein panisch wirkendes Auge signalisiert nicht immer eine Fluchtreaktion. Erst in Verbindung mit der dazugehörigen Körperhaltung lassen sich Verhaltensweisen eindeutig zuordnen.

Häufig zu beobachtende Ausdrucksformen der Körpersprache:

Augen

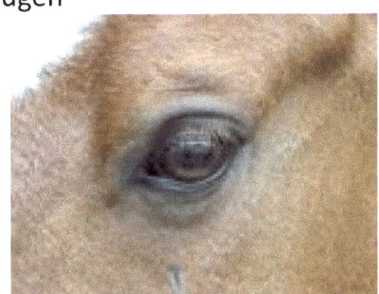

ruhig, entspannt

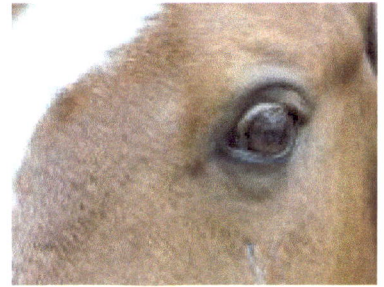

angespannt

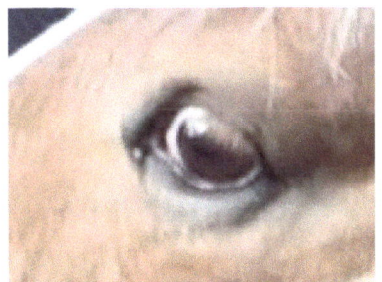

aggressiv

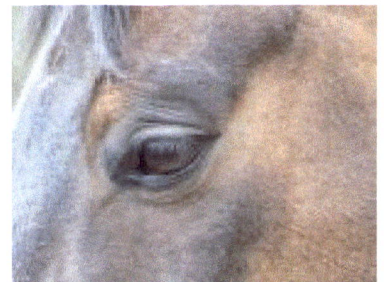

leidend

Mimik und Gestik

entspannt

zugewandt

aufmerksam

angespannt

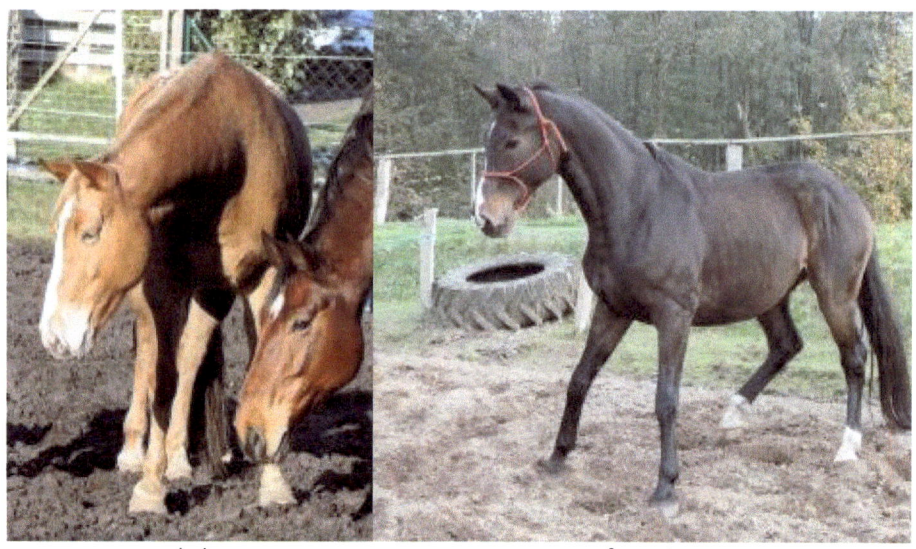
neugierig   aufgeregt

Mimik und Gestik

unzufrieden

drohend

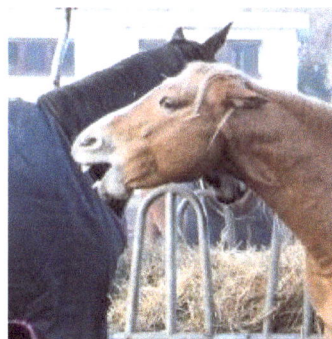

aggressiv

Sozialverhalten

Kontaktaufnahme

Sympathie

Freunde

Rangordnung

Rangfolge

Wer bewegt wen?

Aggression

Fazit

Bei der Haltung von Pferden müssen ihre natürlichen Bedürfnisse unbedingt berücksichtigt werden. Genügend Auslauf und Bewegung, soziale Kontakte zu Artgenossen und ein ausgewogenes, über den Tag verteiltes Futterangebot sind die Grundvoraussetzungen für ein gesundes, ausgeglichenes Pferd.

Bei der Ausbildung ist das Wissen um ihr genetisch bedingtes Verhalten von großem Vorteil. Besonders bei der Bodenarbeit kann der Mensch sich die Herdengesetze zu Nutzen machen. Das Prinzip der Rangordnung und der Folgsamkeit sowie die Kommunikation untereinander bilden dafür die Grundlage. Voraussetzung ist, dass der Mensch vom Pferd als ranghöher anerkannt wird. Dominanz sollte dabei aber nicht im Sinne von beherrschen, sondern als führen und beschützen verstanden werden.

(Ausführliche Beschreibung siehe: **Kommunikation**)

Sinneswahrnehmung

Flehmender Hengst   Foto: Ellen Vierhaus

Im allgemeinen Sprachgebrauch unterscheidet man fünf Sinne:

- Sehen, die visuelle Wahrnehmung mit den Augen.
- Hören, die auditive Wahrnehmung mit den Ohren.
- Riechen, die olfaktorische Wahrnehmung mit der Nase.
- Schmecken, die gustatorische Wahrnehmung mit der Zunge.
- Fühlen / Tasten, die taktile und haptische Wahrnehmung über die Haut.

Tatsächlich haben Menschen und Säugetiere mehr Möglichkeiten der Wahrnehmung. Es kommen die propriozeptorischen Wahrnehmungen hinzu, die körpereigene Empfindungen wie Temperatur, Schmerz, Bewegungen und Position der Gliedmaßen signalisieren. Für das Gleichgewicht, der vestibulären Wahrnehmung, ist z. B. ein Sinnesorgan im Innenohr zuständig. Und auch das Bauchgefühl – oft als legendärer sechster Sinn bezeichnet – gehört nicht in den Bereich der Esotherik, sondern ist von Neurowissenschaftlern bestätigt worden.

Im Folgenden sollen nur auf die klassischen fünf Sinne und auf den für das Reiten wichtigen Gleichgewichtssinn eingegangen werden. Der Vergleich zwischen menschlicher und "pferdischer" Sinneswahrnehmung soll die Unterschiede deutlich machen und dazu beitragen, Pferde in ihrem Verhalten besser zu verstehen.

Sehen

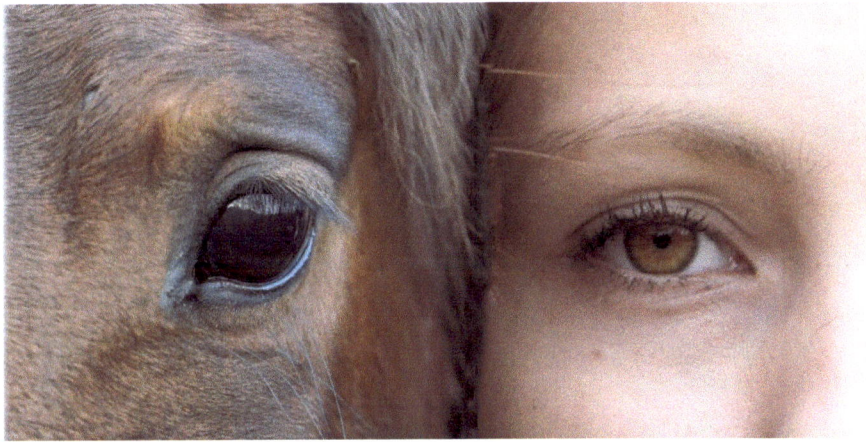

Das Auge des Pferdes ist prinzipiell ähnlich aufgebaut, wie das des Menschen. Trotzdem gibt es bei den Seheigenschaften gravierende Unterschiede.

Anatomischer Aufbau des Auges

Die Lichtwellen gelangen durch die Horn-haut, über Pupille, Linse und Glaskörper auf die Netzhaut des Auges. Die Hornhaut schützt das Auge vor äußeren Einflüssen und wirkt wie ein Objektiv. Die Pupille reguliert die einfallende Lichtmenge, ver-gleichbar mit der Blende eines Fotoappara-tes. Die Linse fokussiert das Objekt und projiziert ein auf dem Kopf stehendes und seitenverkehrtes Abbild auf die Netzhaut. Die Größe der Pupille wird über die Musku-latur der Iris gesteuert und die konvexe Form der Linse wird durch die Muskeln der Ziliarkörper verändert.

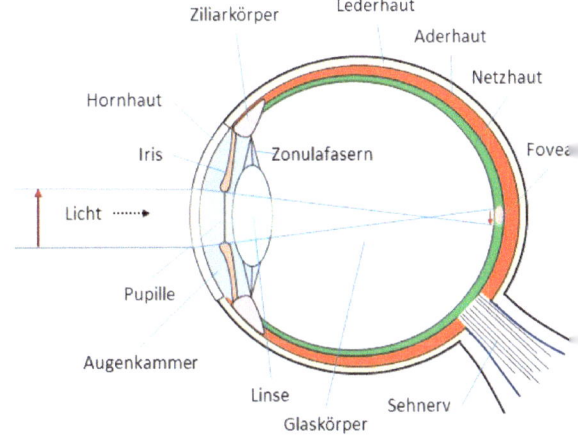

Die Fovea ist eine kleine Senke auf der Netzhaut, es ist der Ort mit dem höchsten Auflösungsvermögen. Hier sind die Sin-neszellen am dichtesten gedrängt.

Durch das neurale Gewebe der Netzhaut werden die auftreffenden Lichtwellen in elektrische Signale umgewandelt und durch den Sehnerv zum Gehirn weitergeleitet. Dabei ist das linke Auge mit dem rechten (emotionalen) Gehirnzentrum und das rechte Auge mit der linken (logisch geprägten) Gehirnhälfte verbunden.

Am Wahrnehmungsprozess sind noch zahlreiche weitere Gehirnareale beteiligt, um die optischen Sinneseindrücke interpretieren zu können. Erst im Gehirn entsteht der Eindruck von einem Bild, das nicht immer mit der Realität übereinstimmen muss. Erfahrungen und Emotionen spielen hierbei eine wichtige Rolle.

Helligkeits-, Kontast- und Farbeindrücke

Pferde können in der Dämmerung und im Dunkeln wesentlich besser sehen als Menschen. Sie können bei hellem Mondlicht sogar noch Farben erkennen.

Begründung:

1. Sie haben ein größeres Auge, durch das mehr Licht auf die Netzhaut gelangt.
2. Auf ihrer Netzhaut sind etwa dreimal soviel Sehzellen wie bei einem Menschen.
3. Der Augenhintergrund ist verspiegelt und reflektiert zusätzlich Licht auf die Sehzellen.

Auf der Netzhaut eines Pferdeauges sind etwa 350 Millionen lichtempfindliche Sinneszellen (Fotorezeptoren) vorhanden. Entsprechend ihren Eigenschaften werden sie in Stäbchen und Zapfen unterteilt. Die Stäbchen sind für die Helligkeitsempfindungen und das Sehen in der Dämmerung zuständig. Die Zapfen liefern die Farbinformationen, allerdings nur bei ausreichender Helligkeit.
Es gibt unterschiedliche Arten von Zapfen. Jede ist für einen bestimmten Farbbereich empfindlich. Der Mensch hat drei Zapfentypen für die primären Farbbereiche Rot, Grün und Blau. Im Gehirn werden die einzelnen Farbinformationen zu einem resultierenden Farbeindruck zusammengefügt. Er kann damit das gesamte Farbspektrum der "Regenbogenfarben" erfassen und ungefähr 5000 Farbnuancen unterscheiden.
Pferde, wie auch die meisten anderen Säugetiere, besitzten nur zwei Zapfentypen für die Farbbereiche Gelb und Blau. Grün und Rot können sie nur schwer erkennen.

Farbempfindlichkeit des menschlichen Auges (Kurve idealisiert)

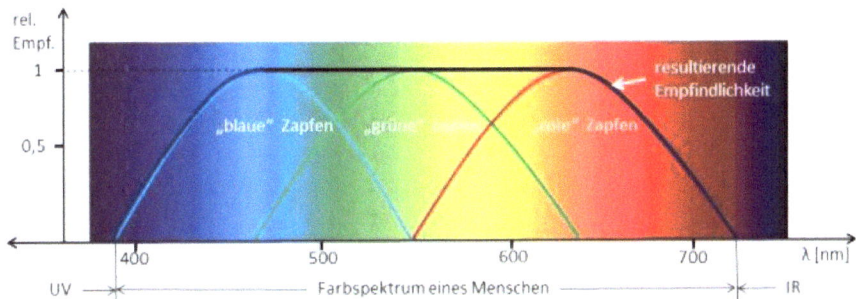

Farbempfindlichkeit eines Pferdeauges (Kurve idealisiert)

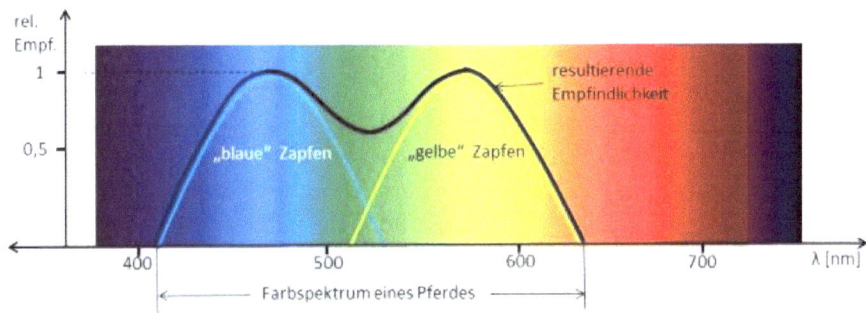

Unterschiedliche Wahrnehmung von Reiter und Pferd

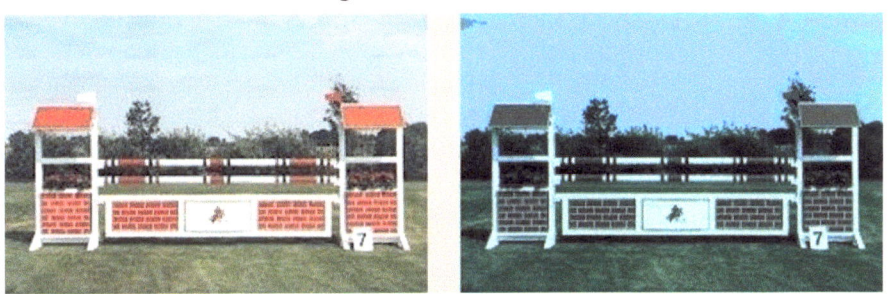

Reiter   Pferd

Kontrast

Pferde können sowohl bei Restlicht als auch bei gleißendem Sonnenlicht gut sehen. Der Kontrastumfang ist wesentlich größer als beim Menschen. Dafür dauert die Hell-Dunkel-Adaption des Auges relativ lange. Sie kann durchaus einige Minuten betragen. Die Umstellung von Dunkelheit auf Helligkeit geschieht dagegen in wenigen Sekunden.

Lichtreflexe oder sich scharf abzeichnende Schatten (z. B. bei schräg einfallendem Sonnenlicht in einer Reithalle) können daher ein Pferd stark verunsichern.

Horizontales Sehfeld

Wie alle Fluchttiere haben auch Pferde die Augen seitlich am Kopf. In Verbindung mit ihrer querovalen Pupille ergibt sich ein Panoramablick, der fast 360° beträgt. Dieser nahezu alles erfassende Rundumblick geht zu Lasten der Sehschärfe. Pferde können zwar auch aus den Augenwinkeln Bewegungen noch sehr gut erfassen, einen dünnen Draht können sie dagegen nur aus der unmittelbaren Nähe erkennen.

Die Wahrnehmungen vom linken Auge werden in der rechten Gehirnhälfte verarbeitet und abgespeichert. Die vom rechten Auge in der linken Gehirnhälfte. Ein Informationsaustausch zwischen den beiden Hälften ist beim Pferd nur in einem sehr begrenzten Umfang möglich. Im Gegensatz zum menschlichen Gehirn ist der hierfür notwendige Zwischenbalken (Corpus callosum) nur schwach ausgeprägt.

Folglich kann ein Pferd auf einen Gegenstand völlig unterschiedlich reagieren, abhängig davon, ob dieser mit dem rechten oder mit dem linken Auge wahrgenommen wurde. Erfahrungsgemäß sind die meisten Pferde auf dem linken Auge schreckhafter, weil die Sinneswahrnehmungen vom linken Auge im rechten, emotional geprägten Gehirnbereich verarbeitet werden.

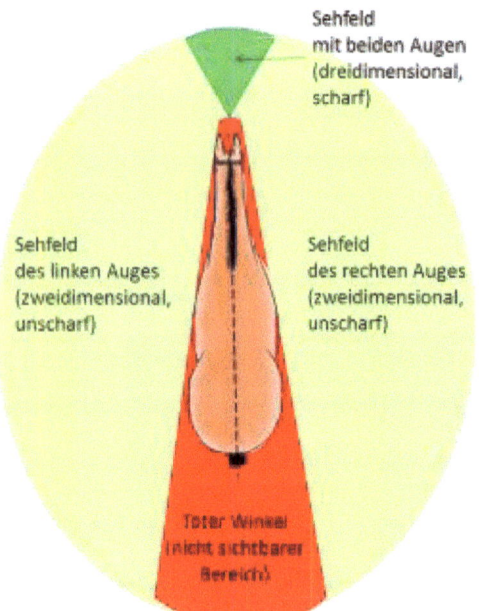

Sehfeld mit beiden Augen (dreidimensional, scharf)

Sehfeld des linken Auges (zweidimensional, unscharf)

Sehfeld des rechten Auges (zweidimensional, unscharf)

Toter Winkel (nicht sichtbarer Bereich)

Horizontales Sehfeld

Vertikales Sehfeld

Neben dem horizontalen Sehfeld hat auch das vertikale Sehfeld Einfluss auf das Pferdeverhalten. Die Fokussierung eines nahen oder weit entfernten Objektes geschieht nur zum Teil über die Linse des Auges. Die "Scharfeinstellung" erfolgt hauptsächlich über ein Heben oder Senken des Kopfes. (Vergleichbar mit dem Sehen durch eine Gleitsichtbrille.)

Außerdem ist die Sehschärfe im unteren Bereich des Sehfeldes höher. (Grund: Im Auge ist die Dichte der Sinneszellen im oberen Teil der Netzhaut am größten.) Die Aufmerksamkeit der Pferde ist daher schon naturgemäß mehr auf den Boden gelenkt. Sie reagieren in diesem Bereich schreckhafter. Ein kleiner Vogel im Gebüsch kann schon den Fluchtreflex auslösen, ein über sie hinwegfliegender Greifvogel oder ein Flugzeug findet dagegen kaum Beachtung.

Vertikales Sehfeld (Bilder, die für sich sprechen.)

Hören

Der anatomische Aufbau eines Pferdeohres unterscheidet sich kaum von dem eines Menschen. Die Unterschiede bestehen in der Wahrnehmung. Das Pferd kann seine großen, trichterförmigen Ohrmuscheln getrennt voneinander bewegen und um etwa 180° drehen. Dadurch kann es Geräusche gut auffangen und exakt lokalisieren. Es ist sogar in der Lage, sich auf zwei akustische Ereignisse gleichzeitig zu konzentrieren. Das Ohrenspiel ist ein guter Indikator für die Aufmerksamkeit und Konzentration des Pferdes.

Der hörbare Frequenzbereich ist größer als der eines Menschen. Pferde können Töne von 14 bis 38000 Hz wahrnehmen. (Hörbereich des Menschen: 20 - 19000 Hz.) Dem Menschen bleibt also vieles von dem verschlossen, was Pferde hören, was sie vielleicht beunruhigt oder wovor sie sich eventuell sogar erschrecken.

Ohrenspiel

21

Pferde können sehr gut hören. Ihr Hörvermögen ist bei geringen Lautstärken besonders ausgeprägt. Sie sind im wahrsten Sinne des Wortes für leise Töne sehr empfänglich. Laute, besonders plötzlich einsetzende Geräusche wie Knallen, Klatschen etc., verunsichern sie. Aber auch das Knacken eines Zweiges kann eine Schrecksituation auslösen (Urinstinkt). Geräuschquellen, die Pferde nicht sehen können, führen fast immer zu einem angespannten Verhalten.

Pferde können ihnen vertraute Menschen zwar an ihrer Stimme erkennen, Wortunterscheidungen fallen ihnen jedoch schwer. Es ist hauptsächlich der Tonfall und der Klang der Stimme, den sie als beruhigend, ermahnend, aufmunternd oder lobend empfinden.

Riechen

Das Riechvermögen der Pferde ist wesentlich ausgeprägter als das des Menschen. Ein Pferd kann Duftstoffe in sehr geringer Konzentration auch noch aus großer Entfernung wahrnehmen. Die Duftmoleküle werden von den Nüstern durch die Nasenhöhlen bis zum Siebbein geleitet. Das Siebbein ist eine dünne, poröse Knochenwand zwischen Nase und Gehirn. An der Unterseite befindet sich die Riechschleimhaut. Die darin eingebetteten Riechzellen münden im darüberliegenden Riechkolben und führen von dort über Nerven direkt zum evolutionsgeschichtlich ältesten Teil des Gehirns, dem Stammhirn. Der Geruchsinn ist somit der elementarste aller Sinne.

Flehmen

Eine anatomische Besonderheit ist das Jakobson-Organ, auch Vomeronasal-Organ genannt. Es ist ein etwa 12 cm langes, paarig angeordnetes Gewebeorgan an beiden Seiten der Nasenscheidewand. Mit dieser zusätzlichen Riechmöglichkeit können Pheromone besonders gut wahrgenommen werden. Pheromone sind Sekrete, die vom Körper ausgeschieden werden und bei Tieren der gleichen Art unter anderem zur Reviermarkierung, Individualerkennung und zur Anzeige der Paarungsbereitschaft dienen.

Für die Geruchsaufnahme über das Jakobson-Organ nimmt das Pferd eine typische Haltung ein. Es streckt den Kopf nach vorn, öffnet das Maul und zieht die Oberlippe

nach oben. Der Vorgang wird als Flehmen bezeichnet. Er ist häufig zu beobachten, wenn Pferde am Kot oder am Urin ihrer Artgenossen riechen.
Aber auch unbekannte Gerüche, wie z. B. Parfüm oder Zigarettenrauch, können ein Pferd zum Flehmen veranlassen.

Der Geruchssinn hat bei Pferden eine ursprünglichere und weitaus größere Bedeutung als beim Menschen. Geruchsreize stehen in direktem Zusammenhang mit ihrem Sozialverhalten, der Individualerkennung, der Nahrungsaufnahme und der Gefahrenerkennung.

Sozialverhalten:
Erste Kontaktaufnahmen zwischen Pferden erfolgen meistens durch gegenseitiges Beschnuppern im Bereich der Nüstern, aber auch im Flanken- und Analbereich.
Bei Stuten wird das Ritual häufig durch Quietschen und Vorhandschlag begleitet.
Sympathie oder Antipathie werden stark vom Geruch geprägt.
Das Sexualverhalten wird fast ausschließlich über Pheromone gesteuert.

Individualerkennung:
Herdenmitglieder erkennen sich gegenseitig am Geruch. Auch Kot und Urin können dem Produzenten zugeordnet werden.
Menschen, die ihnen vertraut sind, können ebenfalls allein über den Geruch identifiziert werden.
Gerüche können auch angstbesetzt sein (z. B. Abneigung gegenüber dem Tierarzt).

Gefahrenerkennung:
Freilebende Pferde können Raubtiere bereits aus großer Entfernung wittern.
Der Geruch von Wildschweinen, Kühen oder Schafen führt auch bei domestizierten Pferden oft zu unruhigem oder ängstlichem Verhalten.
Verwesungs- oder Blutgeruch, selbst der Geruch eines Pferdeanhängers, in dem andere Tiere transportiert worden sind oder Angst ausgestanden haben, signalisieren den meisten Pferden Gefahr.

Nahrungsaufnahme:
In freier Wildbahn geschieht die Futtersuche und auch das Auffinden von Wasserstellen hauptsächlich über den Geruchssinn.
Selbst die Futterauswahl auf der heimischen Weide wird zum großen Teil über das Riechen entschieden.

Schmecken

Geschmacks- und Geruchssinn sind eng miteinander verbunden und ergänzen sich gegenseitig. Die Geschmacksrezeptoren - auch Geschmacksknospen genannt - sind in den Geschmackspapillen eingebettet. Das sind warzenartige Erhebungen auf der Zunge, die die Geschmacksqualitäten sauer, bitter, süß, salzig und unami[1] wahrnehmen können. In Verbindung mit den Duftstoffen (Aromen) entsteht im Gehirn der resultierende Geschmackseindruck.

Geschmackliche Wahrnehmungen sind sehr individuell und werden weitgehend durch Erziehung und Gewöhnung geprägt. Fohlen orientieren sich bei der Futterauswahl am Verhalten ihrer Mütter oder an älteren Herdenmitgliedern. Sie lernen durch Beobachtung, welche Pflanzen genießbar und welche giftig sind. Unbekannte und künstlich hergestellte Futtermittel werden zunächst instinktiv gemieden. Erst über einen Gewöhnungsprozess werden Leckerlis zur Delikatesse.

Fühlen / Tasten

punktueller, taktiler Reiz

Die Haut ist das größte und vielseitigste Organ. Sie ist weit mehr als eine Hülle, die das Körperinnere zusammenhält und schützt. In der Haut liegen unterschiedliche Arten von Sinneszellen, die auf Temperatur, Druck, Dehnung, Vibration, Berührung und Schmerz reagieren. Die taktilen Reize gelangen über das Rückenmark zum Gehirn. Dort wird die Art der Empfindung und der genaue Ort identifiziert (z. B. Intensität und Lage eines Sporens). Das Gehirn unterscheidet außerdem, ob die Informationen von außen stammen oder ob sie für die eigene Körperwahrnehmung, der Propriozeption[2] bestimmt ist. Einige Reize werden bereits im Rückenmark neuronal verknüpft und lösen unmittelbare, nicht über das Gehirn kontrollierte Bewegungen aus – die sogenannten Reflexe.

---

[1] **Unami:** Der Begriff für einen intensiven, herzhaften Geschmack, der auf ein proteinhaltiges Nahrungsmittel schließen lässt.

[2] **Propriozeption**: Die rein gefühlsmäßige Wahrnehmung von Körperteilen und Körperbewegungen (Lage, Bewegungsrichtung und Stellung zueinander).

Die Rezeptoren liegen zum größten Teil an der Hautoberfläche. Sie registrieren leichteste Berührungen (z. B. eine Fliege auf dem Fell). In den tieferen Hautschichten liegen die Rezeptoren für Druck und Schmerz und für die eigene Körperwahrnehmung. Durch eine nicht gleichmäßige Verteilung entstehen unterschiedlich sensible Körperregionen. An empfindlichen Stellen (Maul, Ohren, Flanken) ist die Konzentration besonders groß. Am Maul und an den Augen befinden sich Tasthaare, die als "Abstandswarner" dienen und diese empfindlichen Bereiche zusätzlich schützen.

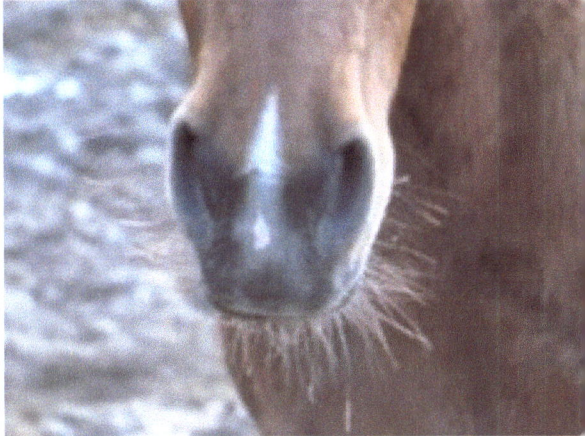

Tasthaare

Ein Pferd wird folglich jede noch so geringe Gewichts-, Schenkel- oder Zügelhilfe fühlen. Wenn es sie trotzdem scheinbar ignoriert oder nicht wie gewünscht annimmt, sind es fast immer Verständigungsschwierigkeiten. Das Pferd ist grundsätzlich zur Mitarbeit bereit, es weiß nur manchmal nicht, was von ihm erwartet wird. In dieser Phase ist es wichtig, das Vertrauen des Pferdes zu erhalten, Geduld aufzubringen und nach alternativen Lösungsmöglichkeiten zu suchen. Eine grobere Hilfengebung wäre auf jeden Fall der falsche Weg.

Der Gleichgewichtssinn

Zur Wahrnehmung der eigenen Körperhaltung und der Orientierung im Raum besitzen alle Säugetiere zwei identisch aufgebaute Gleichgewichtsorgane. Sie liegen im linken und rechten Innenohr. Jedes Organ besteht aus drei annähernd kreisrunden, schlauchartigen Kanälen (Bogengänge). In den Verdickungen (Ampullen) und in zwei darunter liegenden Säckchen (Otolithenorgane) liegen die Sinneszellen. Ampullen und Otolithenorgane sind zum Teil mit Flüssigkeit (Lymphe) gefüllt. Die Erdanziehungskraft bewirkt, dass bei jeder Positionsänderung die Flüssigkeit in Bewegung gerät.

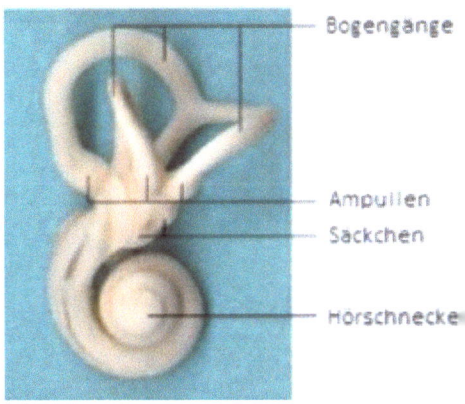

Bogengänge
Ampullen
Säckchen
Hörschnecke

Innenohr mit Gleichgewichtsorgan

(Vereinfacht lässt sich das Prinzip des Gleichgewichtsorgans mit einer Wasserwaage vergleichen.) Die hochempfindlichen Sinneshärchen in den Bogengängen und in den Otolithenorganen erfassen jede Dreh- und Linearbewegung und leiten sie als elektrische Signale an das Kleinhirn. Dort entsteht aus den vestibulären Informationen in Verbindung mit den visuellen und propriozeptiven Wahrnehmungen das Gleichgewichtsgefühl.

Pferde haben von Natur aus ein gut ausgeprägtes Gleichgewichtsgefühl. Störfaktor ist der Reiter. Die Vorstellung, selbst ein unruhiges Kind auf den Schultern zu tragen, hilft wahrscheinlich am besten, um sich in die Situation eines Pferdes hineinzuversetzen. Das Pferd braucht gerade in der Anreitphase einige Zeit, um sein Gleichgewicht auch unter einem Reiter wiederzufinden. Der Reiter muss sich dem Bewegungsablauf des Pferdes anpassen. Er muss versuchen, sich von den Pferdebewegungen mitnehmen zu lassen. Das setzt auch beim Reiter einen gut funktionierenden Gleichgewichtssinn voraus.

Sowohl beim Pferd als auch beim Reiter lässt sich der Gleichgewichtssinn trainieren. Reiten auf unterschiedlichem Untergrund, bergauf und bergab in allen drei Gangarten sowie Cavalettiarbeit verbessern die Körperwahrnehmung und damit das Gleichgewichtsgefühl.

Lernverhalten

Definitionen

Lernen ist für Mensch und Tier überlebenswichtig! Die angeborenen, genetisch festgelegten Verhaltensweisen (Reflexe und Instinkte) bieten zwar eine Grundausstattung für den Start ins Leben, sie reichen aber nicht aus, um sich auf neue Lebenssituationen einzustellen und sich den ändernden Bedingungen der Umwelt anpassen zu können. Dafür ist ein ständiger und lebenslanger Lernprozess notwendig.

Lernen dient dazu, das eigene Leben zu optimieren. Es findet nur zum Teil bewusst und willentlich statt. Vieles geschieht im Unterbewusstsein und sogar im Schlaf. Im Folgenden geht es nur um das bewusste, planmäßige Lernen. Darunter versteht man eine dauerhafte Veränderung und Aneignung von (vorher nicht gezeigten) Verhaltensweisen, die durch Einsicht, Erfahrung und Wiederholung geprägt worden sind.

Intelligenz, Gedächtnis, Konzentrationsfähigkeit und die angeborene Neugier sind die wesentlichen Faktoren, die das Lernverhalten beeinflussen.

Intelligenz

Intelligenz lässt sich auf unterschiedliche Weise definieren und beurteilen. Gemessen an menschlichen Maßstäben haben Pferde keinen besonders hohen Intelligenzquotienten. Vorausschauendes Denken und Planen ist ihnen aufgrund ihrer Gehirnstruktur nicht oder nur sehr begrenzt möglich. Sie leben im Jetzt und denken nicht in die Zukunft.

Sie besitzen eine andere Form der Intelligenz. Als Herdentiere haben sie im Laufe der Evolution eine ausgeprägte soziale Intelligenz entwickelt. Sie haben ein äußerst empfindliches Wahrnehmungsvermögen, mit dem sie ihre Artgenossen und auch uns Menschen beobachten und einschätzen. Selbst subtile Reaktionen und sogar Stimmungen bleiben ihnen nicht verborgen.

Diese Fähigkeiten und Verhaltensweisen bilden die Grundlage für eine feine Kommunikation untereinander, aber auch zwischen Mensch und Pferd.

Intelligenz ist nur zum Teil genetisch bedingt. Die geistige Entwicklung des Pferdes wird im hohen Maße durch sein Umfeld beeinflusst, sowohl im Positiven wie auch im Negativen. Zu frühes Absetzen, ein ständig wechselnder Herdenverband, ein zu knappes Futterangebot oder unausgewogene Ernährung, Überforderung beim Reiten und beim Training, aber auch Vernachlässigung durch den Menschen behindern die natürliche Entfaltung der Intelligenz.

Gedächtnis

Sinneseindrücke, Erfahrungen und Erlerntes werden im Gedächtnis abgespeichert. Alle Informationen gelangen zunächst ins Kurzzeitgedächtnis. Dort verbleiben sie für wenige Sekunden. Danach werden sie vergessen. Nur relevante, oder mehrfach wiederkehrende Informationen finden den Weg ins Langzeitgedächtnis und werden dort mit bereits gemachten Erfahrungen verknüpft.

Sowohl das Kurzzeit- als auch das Langzeitgedächtnis unterscheiden sich erheblich von dem eines Menschen. Das Kurzzeitgedächtnis ist beim Pferd "ultrakurz", das Langzeitgedächtnis dagegen ausgesprochen "lang". Beides ist beim Lernen und bei der Ausbildung zu berücksichtigen.

Lob (und Strafe) müssen deswegen immer unmittelbar erfolgen, damit das Pferd den Zusammenhang zwischen Ursache und Wirkung erkennen kann. Eine Verzögerung von mehr als drei Sekunden würde das Pferd bereits mit der folgenden Handlung verbinden. Beispiel: Wird ein Pferd für eine gelungene Übung erst angehalten und dann gelobt, wäre aus Sicht des Pferdes nicht die Übung, sondern das Halten die gewünschte Reaktion.

Üben ebnet den Weg ins Langzeitgedächtnis. Außerdem wird die Qualität des Erlernten verbessert. Um Übungen und Lektionen zu festigen, sind Wiederholungen, aber auch Pausen notwendig. (Die Abspeicherung des Erlernten findet in der Lernpause statt!) Deshalb sollte beides in einem ausgewogenen Verhältnis zueinander stehen. Auch hier ein Beispiel: Wird einem Pferd das Rückwärtsrichten beigebracht, sollte nicht mehr als drei- bis viermal hintereinander geübt werden. Nach einer kleinen Pause muss erst einmal eine Abwechslung erfolgen, möglichst in einem frischen Vorwärts. Danach kann die Übung gegebenenfalls noch einmal wiederholt werden. Am nächsten oder übernächsten Tag wird das Rückwärtsrichten wieder in gewohnter Weise in den Trainingsplan eingebunden. Ein größerer zeitlicher Abstand wäre ungünstig. Der Vorteil der Wiedererkennung ginge verloren; das Pferd würde die Übung jedes Mal als etwas Neues empfinden.

Beim Lernen werden auch die dabei gemachten Erfahrungen im Langzeitgedächtnis abgespeichert und verknüpft. Eine positive Lernatmosphäre ist daher die beste Voraussetzung für ein erfolgreiches Training.

Konzentration

Für das bewusste Lernen ist es notwendig, seine Aufmerksamkeit für eine bestimmte Zeit auf eine Sache lenken zu können. Dies erfordert eine geistige Anstrengung, die wiederum zur Ermüdung und somit zum Nachlassen der Konzentration führt. Konzentrationsfähigkeit und Konzentrationsdauer sind individuell sehr unterschiedlich und auch vom Alter abhängig. Zusätzliche Faktoren, die die Konzentration beeinflussen sind Ablenkung, Motivationsmangel, Überlastung, gesundheitliche und emotionale Probleme. Sie führen zu einer Beeinträchtigung der Konzentration. Eine ruhige Umgebung, kurze Trainingseinheiten, unterbrochen durch Pausen und motivierende Belohnungen wirken sich dagegen vorteilhaft aus. Konzentration lässt sich aber auch erlernen und durch Übung und Erfahrung steigern.

Pferde sind reizoffen. Als Fluchttiere müssen sie ihre Umgebung ständig im Blick behalten und auf verdächtige Geräusche achten. Es entspricht ihrer Natur, wenn sie sich nur schwer auf eine Sache konzentrieren können. Trotzdem muss der Mensch beim Lernen ihre Aufmerksamkeit einfordern. Aufmerksamkeit ist die Grundvoraussetzung zum Lernen! Die Konsequenz ist allerdings genauso wichtig: Aufhören, sobald die Konzentration nachlässt!

Neugier

Neugier siegt über Angst   (Foto: Shutterstock)

Neugier ist fast allen Lebewesen angeboren. Es ist das durch einen Reiz ausgelöste Verlangen, Neues zu erfahren und insbesondere Verborgenes kennenzulernen. Für das Lernen bildet die Neugier eine wichtige Grundlage. Sie erzeugt eine aus sich selbst entstehende (intrinsische) Motivation.

Pferde gelten als besonders neugierig. Diese Tatsache sollte man sich bei der Ausbildung zu Nutze machen. Gerade bei der Bodenarbeit lässt sich die Neugier besonders gut in den Lernprozess einbinden. So sollte ein Pferd immer Gelegenheit erhalten, unbekannte Gegenstände ausgiebig zu untersuchen (Beäugen, Schnuppern, Berühren, Hufe darauf setzen, etc.). Dabei darf kein Zwang ausgeübt werden, das Pferd soll aus eigenem Antrieb handeln. Geduld und Zeit sind hier gut investiert und schaffen Vertrauen. Ein zusätzliches Lob für ein auch nur ansatzweise richtiges Verhalten sollte auf keinen Fall fehlen.

Lernmethoden

Allgemeines

Lernmethoden sollen das Lernen effizienter gestalten. Sie müssen dem Lernziel und dem inviduellen Lernverhalten des Lernenden (Lerntyp) angepasst sein. Zu diesem Zweck sind zahlreiche Konzepte entwickelt worden. In den letzten Jahren haben Erkenntnisse der Neurowissenschaften in erheblichem Maß dazu beigetragen, Lernmethoden zu verbessern und wissenschaftlich fundiert zu begründen. Die wichtigsten Lernarten sind nachstehend aufgeführt.

Lernen durch Einsicht

Lernen durch Einsicht stellt die höchste Stufe des Lernens dar. Es bedeutet, ein Problem durch Nachdenken lösen zu können. Im Tierreich sind nur Menschenaffen, asiatische Elefanten und einige Walarten dazu fähig. Für die Ausbildung von Pferden hat diese Methode keine Bedeutung. Sie ist hier nur der Vollständigkeit halber erwähnt.

Lernen durch Nachahmung

Nachahmung setzt aufmerksame Beobachtung voraus. Das Fohlen lernt auf diese Weise vieles von seiner Mutter. Es schaut bei der Nahrungsaufnahme zu und lernt

Gräser zu unterscheiden. Es versucht aber auch, die Wesensart und das Sozialverhalten der Mutter zu kopieren. Deswegen ist es wichtig, dass eine Zuchtstute nicht nur gute Vererbungseigenschaften besitzt, sondern auch eine gute Erziehung erhalten hat.

Bei der Ausbildung von Pferden wird diese Methode hauptsächlich zur Angstbewältigung eingesetzt. Ein erfahrenes Pferd übernimmt die Vorbildfunktion und geht z. B. über eine Plane, durchs Wasser oder in einen Anhänger. Interessant ist, dass Pferde nur das Verhalten von ranghöheren Artgenossen kopieren. Ein zusätzliches Argument dafür, dass der Mensch vom Pferd als ranghöher anerkannt und respektiert werden sollte.

Es gibt aktuelle Versuche, die Technik des Beobachtungslernen zu einer neuen Trainingsform auszuarbeiten (Model-Rival-Technik). Dabei wird das "Vorbildpferd" zum Konkurrenten (Rivalen) für das Beobachtungspferd. Beide Pferde konkurrieren um die Aufmerksamkeit und die Belohnung des Trainers. Eine Methode, die mit großem Aufwand und sehr viel Fachkenntnis verbunden ist.

Gewöhnung (Habituation)

Gewöhnung ist nicht mit Abstumpfung oder Erduldung gleichzusetzen. Gewöhnung ist für Pferde ein wichtiger Lernprozess. Gerade als Fluchttiere müssen sie lernen, sich den ändernden Umweltbedingungen anzupassen. Würden sie dazu nicht fähig sein, wären sie ständig in Angst oder auf der Flucht und hätten keine Zeit mehr für die täglichen Bedürfnisse ihres Lebens.
In der Herde wird der Lernvorgang zusätzlich durch Stimmungsübertragung von den älteren, erfahrenen Pferden unterstützt. Bleiben z. B. die ranghöheren Pferde in kritischen Situationen ruhig, überträgt sich ihr Verhalten auf den Rest der Gruppe.

Bei der Ausbildung eines Pferdes ist die Habituation eine häufig angewandte Lernform. Oftmals wird sie vom Menschen gar nicht bewusst wahrgenommen. So hat das Pferd beispielsweise gelernt, im Gelände immer an einer bestimmten Stelle anzugaloppieren. Oder es hebt beim Hufauskratzen unaufgefordert bereits das nächste Bein. Pferde neigen zum Antizipieren und die Liste des Gewöhnungslernens ließe sich beliebig fortsetzen. Das eigentliche Ziel ist es aber, dem Pferd beizubringen, auf eine Vielzahl von Reizen nicht zu reagieren (Halfter, Trense, Sattel, bestimmte Geräusche, Autos etc.).

Grundsätzlich stehen dafür drei Methoden zur Verfügung:

1. Desensibilisierung

Die Desensibilisierung ist eine sehr effektive und eine vergleichsweise gefahrlose Methode, um ein Pferd an bedrohlich wirkende Situationen zu gewöhnen. Grundlage der Desensibilisierung ist das Prinzip der gestuften Reizkonfrontation.

Bei dieser Vorgehensweise wird das Pferd in kleinen Lernschritten und mit viel Geduld an die neue, angsteinflößende Situation gewöhnt. Für jeden Schritt in die richtige Richtung muss das Pferd sofort gelobt und mit einer kleinen Pause belohnt werden. Erst, wenn das Pferd wieder ruhig und entspannt ist, wird zum nächsten Schritt übergegangen. Er sollte eine geringfügige Reizsteigerung beinhalten. Auf diese Weise nähert man sich Stufe für Stufe dem eigentlichen Ziel. In keiner Phase darf Zwang ausgeübt oder die Toleranzgrenze des Pferdes überschritten werden. Es soll ja gerade lernen, seine Angst abzubauen. Die natürliche Neugier des Pferdes ist hierbei von großem Vorteil und sollte in den Lernprozess einbezogen werden.

2. Gegenkonditionierung

Die Gegenkonditionierung ist streng genommen keine Habituation. Es ist eine andere Lernform, jedoch mit dem gleichen Ziel.

Bei der Gegenkonditionierung wird das Pferd nicht stufenweise an eine angstauslösende Situation gewöhnt, sondern es wird dem unangenehmen oder angstbesetzten Reiz von Anfang an mit voller Intensität ausgesetzt. Gleichzeitig versucht man, es mit einem angenehmen Reiz (Futter, Leckerli) positiv zu beeinflussen.

Eine fragwürdige Methode, weil die meisten Pferde unter Stress gar nicht für angenehme Reize empfänglich sind. Außerdem ist ein angstbesetzter Reiz fast immer mit einer Abwehrreaktion des Pferdes verbunden. Bei nicht exaktem Timing der Belohnung besteht daher die Gefahr, diese nicht erwünschte Abwehrreaktion zu verstärken, statt sie zu unterdrücken.

3. Reizüberflutung

Es ist die alte Art des Aussackens, bei der ein Pferd sich nicht wehren kann. Auch hierbei wird es dem angstbesetzten Reiz von Anfang an mit voller Intensität ausgesetzt. Es wird so lange mit der angsteinflößenden Situation konfrontiert, bis es resigniert. Ein wirkliches Lernen hat dabei nicht stattgefunden, von Motivation ganz zu schweigen. Eine Methode, die grundsätzlich abzulehnen ist! Sowohl bei der Gegenkonditionierung als auch bei der Reizüberflutung besteht eine erhöhte Panikgefahr und damit auch ein erhöhtes Verletzungsrisiko. Außerdem kann es bei der Reizüberflutung zu dem Phänomen der "erlernten Hilflosigkeit" kommen. Ein Zustand, der mit Angst, Apathie und Depressionen verbunden ist.

Konditionierung   (Assoziatives Lernen)

Die Konditionierung wird als einfachste Lernart bezeichnet. Konditionierungsprozesse verlaufen meistens unbewusst und werden vom Lernenden gar nicht wahrgenommen. Beim Training mit Tieren wird das assoziative Lernen sehr erfolgreich eingesetzt. Man unterscheidet zwischen zwei Methoden: Der klassischen und der operanten Konditionierung. In beiden Fällen wird ein bestimmtes Verhalten mit einem Reiz verknüpft.

Klassische Konditionierung

Der russische Neurologe und Physiologe Iwan Petrowitsch Pawlow (1849 - 1936) hat als Erster die Zusammenhänge des assoziativen Lernens untersucht und dokumentiert. Sein als "Pawlowscher Hund" bekannt gewordenes Experiment bildete die Grundlage seiner Theorien, für die er später mit dem Nobelpreis ausgezeichnet wurde.

In seinem Experiment wurde die Fütterung der Versuchshunde durch einen Glockenton angekündigt. Schon nach wenigen Wiederholungen kam es zu folgendem Phänomen: Die für die Verdauung notwendige Speichelproduktion setzte nicht, wie sonst üblich, beim Anblick des Futters ein, sondern wurde bereits beim Ertönen der Glocke ausgelöst - und zwar auch dann, wenn kein Futter verabreicht wurde. Diesen Vorgang bezeichnete Pawlow als Konditionierung.

Die klassische Konditionierung ist ein Reiz-Reaktions-Lernen. Mit Hilfe eines (neutralen) Reizes wird eine genetisch festgelegte Reaktion (Reflex) ausgelöst. Bezogen auf das Experiment stellt der Glockenton für den Hund zunächst einen neutralen, bedeutungslosen Reiz dar. Das Speicheln beim Anblick des Futters ist dagegen ein natürlicher Reflex. Erst durch mehrfache Wiederholung kommt es zu einem Lernprozess und dadurch zu einer Verknüpfung beider Reize (Glocke und Futter). Der ursprünglich neutrale Reiz des Glockentons wird damit zu einem konditionierten Reiz, auf den der Hund durch Speicheln reagiert.

Pferde sind wahre Meister im Reiz-Reaktions-Lernen. Sie lassen sich sogar über mehrere Stufen konditionieren. Bei der Fütterung kommt es z. B. nicht nur beim Anblick der Futterschüsseln zum üblichen Grummeln und Scharren. Bereits beim Öffnen der Futtertonne oder sogar schon beim Betreten des Stalls zur Futterzeit zeigen sie ihre Erwartungshaltung. Pferde sind somit in der Lage, die Verknüpfung über mehrere Reize nachzuvollziehen.

Eine Konditionierung kann auch angstbesetzt sein. Schon der Anblick des Kittels oder der Geruch eines Tierarztes oder das Auflegen eines Sattels kann zu Abwehr- reaktionen führen, wenn das Pferd unangenehme Erfahrungen damit verbindet. Allgemein gilt: Ein neutraler Reiz kann durch die klassische Konditionierung zu einem negativ oder positiv besetzten Stimulus werden.

Bei der Ausbildung von Pferden wird das Prinzip der klassischen Konditionierung sehr häufig angewandt. Das Pferd soll lernen, auf Reiterhilfen willig und prompt zu reagieren. Auch hier ist die Hilfengebung - sofern sie nicht mit Schmerzen verbun- den ist - zunächst ein neutraler Reiz, auf den das Pferd durch wiederholtes Üben konditioniert werden soll. Die Reaktion darauf, z. B. das Angaloppieren, soll mög- lichst reflexartig geschehen.
Es ist keine klassische Konditionierung im ursprünglichen Sinn, weil das Angaloppie- ren kein natürlicher Reflex ist, sondern ein gewünschtes Verhalten darstellt. Die Bezeichnung Signallernen wäre in diesem Zusammenhang zutreffender.

Operante Konditionierung

Der amerikanische Psychologe Edward Lee Thorndike (1874 - 1949) hat etwa zur gleichen Zeit wie Pawlow ähnliche Experimente mit Katzen unternommen. Er setzte hungrige Katzen in einen geschlossenen Käfig, vor dem er Futter hingestellt hatte. Die Katzen konnten sich aus dem Käfig nur befreien, wenn sie den mehr oder weni- ger komplizierten Schließmechanismus entdeckt hatten. Nach erfolgreicher Öff- nung des Käfigs wurden sie mit dem Futter belohnt. Während die Katzen das Öff- nen des Käfigs beim ersten Mal durch Versuch und Irrtum herausgefunden hatten, lernten sie in den folgenden Versuchen immer schneller, das Schließsystem gezielt zu bedienen.

Bei der operanten Konditionierung ist die Reihenfolge zwischen Reiz und Verhalten genau umgekehrt zur klassischen Konditionierung. Die Hunde von Pawlow haben gelernt, dass nach einem bestimmten Reiz (Glockenton) ein bestimmtes Ereignis (Fütterung) eintritt. Thorndikes Katzen haben dagegen gelernt, dass ein bestimm- tes Verhalten (Schließmechanismus richtig bedienen) eine bestimmte Konsequenz (Fütterung) zur Folge hat. Sie lernten durch die Folgen ihres eigenen Handelns. Die operante Konditionierung wird daher auch als Lernen am Erfolg oder als Feedback- Lernen bezeichnet.

Thorndike hat aus seinen Experimenten drei Gesetzmäßigkeiten abgeleitet. Sein wichtigstes Gesetz "law of effect" lautet in verkürzter Form:
Verhaltensweisen, die mit angenehmen Erfahrungen verbunden sind, werden wiederholt. Unangenehme Erfahrungen führen zur Einstellung des Verhaltens.

Daraus haben sich in der Praxis vier grundsätzliche Möglichkeiten zur Beeinflussung von Verhaltensweisen herauskristallisiert. Die Fachbegriffe erscheinen vielleicht etwas abstrakt, sie haben jedoch in der Lerntheorie ihre feste Bedeutung. Positiv und negativ sind wertfrei und nicht im Sinne von gut und schlecht zu verstehen, sondern eher mathematisch im Sinne von hinzugeben bzw. wegnehmen.

Positive Verstärkung
Durch eine Belohnung soll das Pferd zu einer Verstärkung bzw. zu einer Wiederholung seines zuvor gezeigten Verhaltens veranlasst werden. Wichtig ist, dass das Pferd die Belohnung auch als solche empfindet. (Auf das übliche Schulterklopfen muss es erst konditioniert werden.) Das vorherrschende Gefühl bei der positiven Verstärkung ist die Freude.

Negative Verstärkung
Ein vorher aufgebauter Druck wird entfernt. Der nachgebende Zügel beim Reiten ist ein typisches Beispiel. In dem Moment, indem das Pferd im Genick nachgibt, wird die Zügelverbindung weicher. Das Pferd empfindet Erleichterung.

Negative Strafe
Es ist eine Bestrafung durch Entzug. Dem Pferd wird etwas Angenehmes verweigert. Es folgt keine Belohnung, sondern das Pferd wird durch Nichtbeachtung bestraft. Das hervorgerufene Gefühl ist die Enttäuschung.

Positive Strafe
Es ist eine Strafe im eigentlichen Sinn. Z. B. durch den zweckentfremdeten Gebrauch von Peitsche, Gerte oder Sporen. Auch das scharfe Zurechtweisen über die Stimme zählt dazu. Das beherrschende Gefühl bei dieser Vorgehensweise ist die Angst.

Vergleicht man bei den einzelnen Vorgehensweisen die dabei entstandenen Gefühle, so lässt sich allgemein sagen:
Verstärkungen motivieren und sichern den Lernerfolg.
Bestrafungen verunsichern und führen häufig zu neuen Problemen (Steigen, Durchgehen, Buckeln etc.).

Trotzdem haben alle Vorgehensweisen ihre Berechtigung. Bei der Bodenarbeit kann die positive Verstärkung sehr gut genutzt werden, weil die Nähe zum Pferd gegeben ist. Man arbeitet quasi auf Augenhöhe und kann ohne Zeitverzögerung loben und auch mal ein Leckerli zustecken. Die negative Verstärkung wird hauptsächlich beim Reiten und beim Longieren eingesetzt. Die negative Strafe dient vorwiegend zum Abstellen von unerwünschtem Verhalten, und die positive Bestrafung bleibt Widersetzlichkeiten und Respektlosigkeit gegenüber dem Menschen vorbehalten.

Die sekundäre Verstärkung ist eine besondere Form der operanten Konditionierung. Oftmals ist es beim Training nicht möglich, ein Pferd mit einem wirkungsvollen, primären Verstärker (Kraulen, Apfelstückchen etc.) zeitnah zu loben. Beim Longieren ist z. B. der räumliche Abstand zu groß und beim Reiten muss man dafür die Zügelverbindung aufgeben und die Sitzposition verändern. Für ein unmittelbares Lob auf ein gewünschtes Verhalten bleibt also nur die Stimme. "Brav" oder "fein" wird das Pferd jedoch zunächst nicht als Lob empfinden. Es muss erst darauf konditioniert werden. Dies geschieht in einem unabhängigen Lernprozess, bei dem die Gabe eines Leckerlis mit dem Wort "brav" oder "fein" angekündigt wird. Hat das Pferd den Zusammenhang erkannt, genügt das verbale Lob. Die eigentliche Belohnung kann dann zeitlich verzögert erfolgen oder auch mal ganz ausgesetzt werden. Das Klickertraining und auch das Schulterklopfen funktionieren nach dieser Methode.

Die variable Verstärkung bietet eine weitere Möglichkeit, das Lernen interressant zu gestalten und die Aufmerksamkeit zu erhöhen. Im Gegensatz zur kontinuierlichen Verstärkung wird hier nicht jede gewünschte Reaktion verstärkt, sondern beispielsweise nur jede dritte oder fünfte Reaktion. Auch Unterschiede in Quantität und Qualität der Belohnung führen zu mehr Aufmerksamkeit. Pferde lernen besonders intensiv, wenn sie nicht genau vorhersehen können, welche Art von Belohnung sie erwartet. Der Überraschungseffekt an sich erzeugt bereits eine hohe Motivation. Wenn sie zusätzlich gelernt haben, dass gute Leistungen auch entsprechend honoriert werden, ist die Anstrengung dafür besonders groß. Vorraussetzung ist natürlich, dass man die geheimen Wünsche seines Pferdes kennt.

Generalisierung

Unter Generalisierung versteht man in der Lernpsychologie, dass ein erlerntes Verhalten auch in anderen, ähnlichen Situationen beibehalten wird. Unterschieden wird zwischen einer Reiz- und einer Reaktionsgeneralisierung. Beide Methoden werden bei der Ausbildung des Pferdes genutzt.

Bei der Reizgeneralisierung soll das Pferd lernen, auf geringfügig geänderte Reize mit dem gleichen Verhalten zu reagieren. (Beispiel: Die Sensibilisierung auf immer feinere Hilfen.) Bei der Reaktionsgeneralisierung geht es darum, das gleiche Verhalten in unterschiedlicher Umgebung (Halle, Turnierplätze, Gelände, Verkehr etc.) zuverlässig abfragen zu können. Die Generalisierung trägt dazu bei, das Lernverhalten zu festigen.

Löschung (Extinktion)

Löschung und Konditionierung stehen im engen Zusammenhang. Hat ein Pferd erst einmal ein Verhalten gelernt, mit dem es Erfolg gehabt hat, versucht es, dieses Verhalten beizubehalten (z. B. Betteln nach Futter). Wird das Futter eines Tages verweigert, kommt es meistens zum Löschungstrotz. Das Pferd wiederholt und verstärkt seine Bemühungen, ist frustriert und wird häufig sogar aggressiv. Erst durch eine lange Phase des Nichtbeachtens lernt das Pferd, dass es mit seinem Verhalten nichts mehr bewirkt. Es ist also kein Vergessen oder Verlernen, sondern ein Lernen durch negative Bestrafung.

Tipps für die Praxis

Bei der Umsetzung der theoretischen Ausbildungskonzepte haben sich ein paar Techniken und Vorgehensweisen als sehr sinnvoll erwiesen. Sie gelten hauptsächlich in Bezug auf die Bodenarbeit, sind aber in vielen Bereichen auch beim Reiten anwendbar. Nachfolgend die wichtigsten Tipps in Kurzfassung:

Aufmerksamkeit

Vor jeder Übung zuerst die Aufmerksamkeit des Pferdes herstellen. Es ist eine Grundvoraussetzung zum Lernen! Das bedeutet im Umkehrschluss: Aufhören, wenn die Konzentration nachlässt. Bei jungen Pferden beträgt die Konzentrationsdauer maximal 20 Minuten. Aber, auch Konzentration lässt sich erlernen.

Aktion – Reaktion

Wer bewegt wen? Die Frage entscheidet über die Rangfolge bei Pferden. Wer ausweicht oder sich bewegen lässt, hat den anderen als Ranghöheren akzeptiert. Deswegen sollte grundsätzlich der Mensch agieren und das Pferd reagieren. Ein Beispiel: Beim Longieren drängelt das Pferd zur Mitte. Meistens weicht der Longenführer zurück, um die Verbindung zum Pferdemaul wieder herzustellen. Viel sinnvoller ist es, mit der Peitsche auf die Pferdeschulter zu weisen oder durch einen energischen Schritt nach vorn, das Pferd auf die Zirkellinie zurückzudrängen.

Raum nehmen - Raum geben

Das Pferd ist ein Fluchttier. Wird es räumlich eingeengt, wird es immer nach einem Ausweg suchen. Geht man energisch auf das Pferd zu, wird es weichen. Gibt man dem Pferd dagegen Raum, indem man sich von ihm entfernt, wird es einem mit hoher Wahrscheinlichkeit folgen. Auf diese Weise lässt sich die Richtung und auch die Gangart allein über die Körpersprache beeinflussen (siehe auch: Kommunikation).

Hilfengebung

Ob bei der Bodenarbeit oder beim Reiten, die Hilfengebung sollte immer nur kurz, eindeutig und impulsartig erfolgen. Lieber einmal herzhaft die Sporen einsetzen, als ständig mit den Schenkeln zu klopfen. Auf eine korrekt gegebene Hilfe sollte immer eine Reaktion erfolgen! Ansonsten lernt das Pferd, die Hilfen zu ignorieren. An Stelle der Konditionierung tritt dann der Lernprozess der Gewöhnung. Das Pferd stumpft ab. Anderseits sollte keine Hilfe ihre Wirkung überdauern. Nach erfolgter Reaktion muss die Hilfe sofort eingestellt werden.

Step by Step

Zu Beginn einer neuen Übung weiß das Pferd oft nicht, was von ihm verlangt wird. Deswegen muss anfangs jeder noch so kleine Schritt in die richtige Richtung überschwänglich belohnt werden. Unerwünschte Reaktionen werden zunächst ignoriert. Die Qualität der Lektion ist erst einmal nebensächlich, sie entsteht mit der Zeit durch wiederholtes Üben.

Auch bei der Konditionierung mit Hilfe der negativen Verstärkung hat dieses Prinzip Vorteile. Wird der unangenehme Reiz nicht sofort mit voller Intensität eingesetzt, sondern stufenartig gesteigert, kann das Pferd sich besser auf die Situation einstellen. (Pat Parelli spricht von vier Phasen der freundlichen Bestimmtheit.)

Beispiel: Wenn die Gangart eines Pferdes nicht fleißig genug ist, ist es besser, den Druck über Stimme, Schenkel, Sporen und der Gerte schrittweise zu erhöhen als gleich die Gerte einzusetzen. Wichtig ist, beim ersten richtigen Ansatz - egal in welcher Stufe - die Hilfengebung sofort einzustellen. Das Pferd spürt Erleichterung und wird dadurch indirekt für seine Bemühung belohnt. Beim erneuten Nachlassen des Fleißes beginnt man wieder mit der niedigsten Stufe. Das Pferd lernt auf diese Weise sehr schnell, auf feine Hilfen zu reagieren.

Richtiges Timing (Kontiguität)

Das Pferd hat ein ultrakurzes Kurzzeitgedächtnis. Unwichtige Informationen hat es bereits nach zwei bis drei Sekunden wieder vergessen. Lob und Tadel müssen deshalb unmittelbar erfolgen, damit es den Zusammenhang zu seinem vorangegangenen Verhalten erkennen kann. Ansonsten besteht die Gefahr, dass das Pferd das Lob oder auch den Tadel mit der nachfolgenden Handlung verbindet.

Beispiel: Ein Pferd wird für eine gelungene Übung angehalten und gelobt. Aus Sicht des Pferdes wird das Anhalten, aber nicht die gelungene Übung belohnt.

So wenig Druck wie möglich, so viel wie nötig

Den richtigen Ton im Umgang mit dem Pferd zu treffen, erfordert viel Einfühlungsvermögen. Es ist eine Gratwanderung zwischen einer energischen Aufforderung und einer freundlichen Einladung. Zu viel Druck bereitet Angst und macht das Lernen unmöglich. Zu wenig Druck führt dazu, dass das Pferd den Menschen nicht ernst nimmt. Es gibt kein Patentrezept. Der richtige Weg muss für jedes Pferd individuell gefunden werden. Die nachfolgende Grafik soll diesen Zusammenhang noch einmal verdeutlichen.

Lernbereitschaft = Aufmerksamkeit * Entspannung

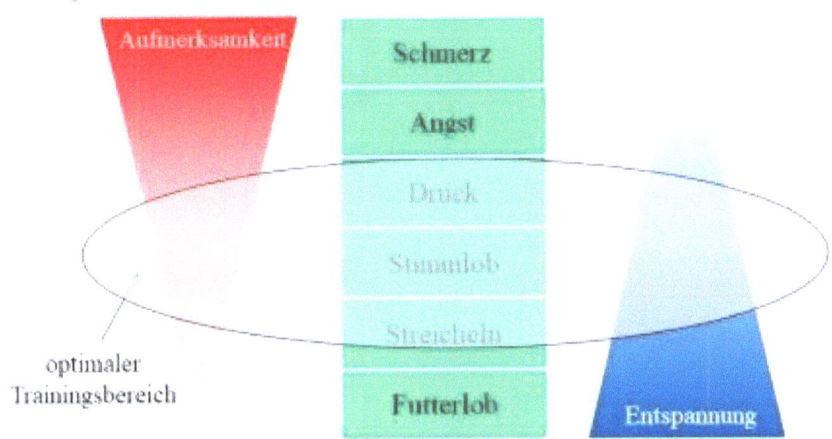

(gezeichnet nach Originalvorlage von Prof. Dr. Uta König von Borstel)

Kommunikation

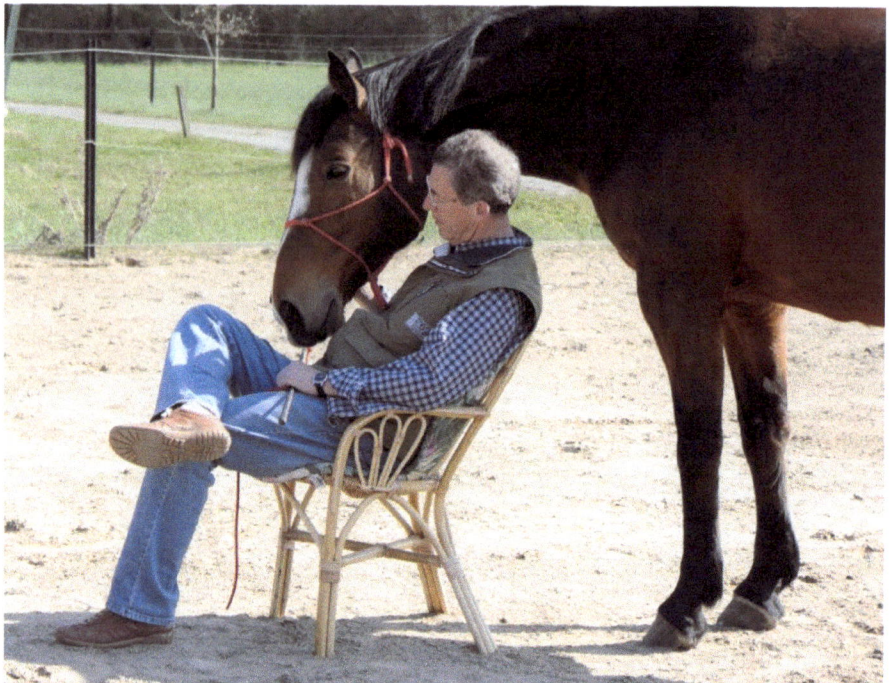

Vertrauen - Ziel der Kommunikation

Kommunikationsformen

Die Kommunikation zwischen Mensch und Pferd ist auf verschiedenen Ebenen möglich. Sie geschieht größtenteils über die Sinne für das Hören, Sehen und Fühlen. Der Geruchssinn wird vorwiegend für die innerartliche Kommunikation genutzt und der Geschmackssinn hat in diesem Zusammenhang lediglich bei der Belohnung mit Leckerlis eine indirekte Bedeutung.

Kommunikation findet meistens auf mehreren "Kanälen" gleichzeitig statt. Ein verbales Kommando geht fast immer mit Gestik, Mimik und Körperhaltung einher und wird vom Pferd auch in diesem Kontext wahrgenommen. Deswegen ist es wichtig, dass verbale und nonverbale Signale die gleiche Botschaft übermitteln und sich in ihrer Aussage unterstützen und nicht widersprechen.

Lautsprache

Verbale Kommandos können Pferde nur schwer voneinander unterscheiden. Sie können zwar den Klang der Stimme erkennen und ihn als beruhigend, ermahnend, aufmunternd oder lobend interpretieren, Wortunterscheidungen fallen ihnen jedoch schwer. Werden Kommandos als verbale Hilfen benutzt - wie z. B. beim Longieren - sollten sie kurz sein, sich deutlich voneinander unterscheiden und langsam und akzentuiert ausgesprochen werden. Der Tonfall ist dabei wichtig, er vermittelt Ausdruck und Gefühl. Das Kommando "Te-rab" kann z. B. je nach Betonung (Heben oder Senken der Simme) eine Aufforderung zum Antraben als auch ein Übergang vom Galopp zum Trab bedeuten.

Stimmenkommandos muss das Pferd erst lernen. Meist über den Umweg über die Körpersprache oder durch taktile Reize. Hat es den Zusammenhang jedoch begriffen, bietet die Lautsprache eine Möglichkeit zur feinen Kommunikation, zumal, wenn sie leise eingesetzt wird.

Taktile Sprache

Die taktile Sprache ist die ursprünglichste Form der Kommunikation. Unmittelbar nach der Geburt kommt es darüber zum ersten Kontakt zwischen Muttertier und dem Neugeborenen. Durch Berührungen (Abschlecken, Stubsen, Säugen etc.) werden Zärtlichkeit, Zuneigung, Wohlbefinden aber auch Schmerz vermittelt. Die ersten Eindrücke sind für die weitere Entwicklung prägend. (Beim umstrittenen Imprint -Training wird diese Phase genutzt.)

Beim Reiten erfolgt die Verständigung fast ausschließlich über taktile Reize. (In Dressurprüfungen sind verbale Hilfen sogar verboten.) Gewichts-, Schenkel- und Zügelhilfen sowie Gerte und Sporen sind die Kommunikationselemente. Der ausgeprägte Tastsinn ermöglicht es einem Pferd, geringste Berührungsreize wahrzunehmen und zu unterscheiden. Körperhaltung, Körperspannung, die Lage der Schenkel, die Höhe der Hand und sogar die Atmung des Reiters werden vom Pferd registriert. Ein losgelassener Sitz und vor allem eine vom Sitz unabhängige Reiterhand sind deswegen die wichtigsten Voraussetzungen für eine feine Hilfengebung. Grobe Einwirkungen sollten grundsätzlich vermieden werden. Sie bereiten nur Schmerzen, verunsichern das Pferd und zerstören das Vertrauen.

Auch ein Lob kann über Berührungen ausgedrückt werden. Meistens werden die Pferde dafür mit der flachen Hand am Hals oder an der Schulter geklopft (einige dabei schon fast erschlagen). Schulterklopfen ist eine typische Männereigenart und in der Natur sonst nirgends zu beobachten. Pferde müssen sich an diese Art des Lobens erst gewöhnen. Ein Streicheln oder Kraulen wird dagegen von vornherein als angenehm empfunden.

Körpersprache

Pferde untereinander kommunizieren fast ausschließlich über die Körpersprache. Sie haben im Laufe der Evolutionsgeschichte eine sehr subtile Form der Verständigung entwickelt. Gestik, Mimik, Haltung, Bewegung und die räumliche Stellung zueinander sind die wesentlichen Elemente, die sowohl einzeln als auch in in ihrer Kombination eine Aussage enthalten (siehe auch: Ethologie).

Während Lautsprachen sich bei den einzelnen Tierarten sehr unterschiedlich entwickelt haben, weisen Körpersprachen ein einheitlicheres Grundmuster auf. Ein menschliches Lächeln ist z. B. weltweit ein eindeutig wohlwollendes Signal, das sogar von den meisten Tieren so empfunden wird. Aber auch Stirnrunzeln, eine einladende Gestik oder ein abweisender Blick sind unmissverständlich.

Diese gemeinsame Basis der Verständigung erleichtert die Kommunikation zwischen Mensch und Pferd, besonders bei der Bodenarbeit. Im Gegensatz zum Reiten kann das Pferd bei der Bodenarbeit den Menschen sehen und seine körpersprachlichen Signale wahrnehmen. Mensch und Pferd begegnen sich auf Augenhöhe. Ein Nachteil dieser Kommunikationsform besteht darin, dass der Mensch sich seiner Körpersprache kaum bewusst ist. Er sendet ständig (unkontrollierte) Signale aus, die ein Pferd entweder irritieren oder gleichgültig werden lassen. Dieser Aspekt wird bei der Bodenarbeit oft nicht beachtet und führt zu Misserfolgen. Eindeutige und für das Pferd verständliche Signale sind deswegen bei der nonverbalen Kommunikation besonders wichtig.

Körperhaltung und Ausdruck

In der Mensch-Pferd-Beziehung sollte das Pferd den Menschen grundsätzlich als ranghöheres Wesen respektieren. Nur dann ist es bereit, sich unterzuordnen, von ihm zu lernen und Vertrauen aufzubauen. Dazu muss der Mensch die Führung übernehmen. Ein selbstsicheres Auftreten, verbunden mit einer ruhigen und freundlichen Ausstrahlung, sind dabei die wichtigsten Eigenschaften, die sich auch in seiner Körpersprache widerspiegeln sollten.

Äußerliche Merkmale hierfür sind:

- Eine aufrechte Körperhaltung mit leichter Grundspannung,
- ein erhobener Kopf mit vorausschauendem Blick in die Bewegungsrichtung,
- ein ruhiger, gleichmäßiger und zielgerichteter Gang.

Vermieden werden sollten auf jeden Fall ein schleichender oder zögerlicher Gang sowie hektische und fahrige Bewegungen.

Begründung:

- Schleichende Bewegungen signalisieren das Angriffsverhalten eines Raubtiers.
- Zögerliche Bewegungen strahlen eigene Unsicherheit aus.
- Hektische und fahrige Bewegungen verbreiten Unruhe und enthalten keine eindeutige Botschaft.

Der "Führungsstil" wirkt sich im wahrsten Sinne des Wortes auf das Führen eines Pferdes aus. Eine klare Körpersprache signalisiert dem Pferd die Richtung, lässt es korrekt antreten, halten und die notwendige Distanz zum Menschen bewahren. Das Pferd unachtsam hinter sich herzuziehen, hat dagegen mit Führen nichts gemeinsam!

klare Körpersprache beim Führen

Position und Blickrichtung

Für ein dominantes Auftreten sind nicht nur die eigene Körperhaltung, sondern auch die richtige Position und die Blickrichtung entscheidend. Position und Blickrichtung signalisieren dem Pferd, in welche Richtung es sich bewegen soll. Die Körperhaltung verleiht der Aufforderung den gewünschten Nachdruck.

Die Position ist gekennzeichnet durch die Stellung und den Winkel zum Pferd, genauer gesagt, zu den einzelnen Zonen des Pferdes. Es sind die vier Bereiche: Kopf und Hals, Schulter, Gurtlage und Hinterhand. In jeder Zone zeigt das Pferd typische Reaktionen. Nähert man sich energisch dem Kopf-Hals-Bereich oder visiert diesen mit strengem Blick an, wird das Pferd sich von einem abwenden. Die Schulter stellt eine neutrale Zone dar. Der Bereich hinter der Gurtlage wirkt vorwärtstreibend.

Eine Annäherung an die Hinterhand, bzw. der strenge Blick in die Richtung veranlasst das Pferd, mit der Hinterhand zu weichen und sich dem Menschen zuzuwenden. Eine weitere Zone liegt unmittelbar vor dem Pferd. Sie wirkt bremsend auf die Vorwärtsbewegung.

Pferdetypische Reaktionen

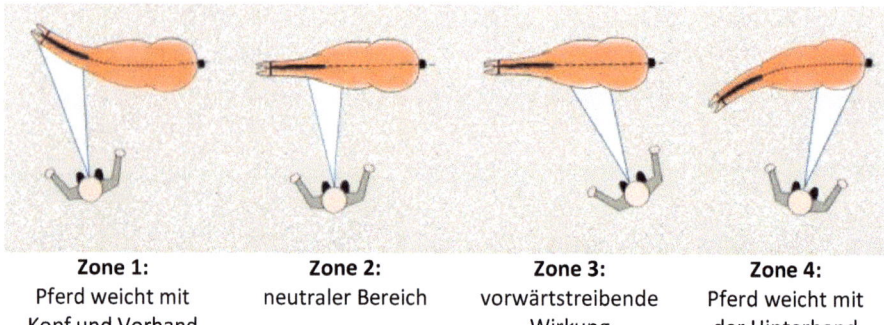

Zone 1:	Zone 2:	Zone 3:	Zone 4:
Pferd weicht mit Kopf und Vorhand	neutraler Bereich	vorwärtstreibende Wirkung	Pferd weicht mit der Hinterhand

Damit das Pferd reagiert, muss man sich der jeweiligen Zone nicht nur mit den Augen, sondern mit dem ganzen Körper zuwenden. Man muss den Willen haben, das Pferd zu bewegen! Es muss die abweisende Haltung in diesem Bereich spüren.

Fazit

Bei der Bodenarbeit kommen alle Kommunikationsformen zur Anwendung. Die Körpersprache hat dabei die größte Bedeutung. Der Vorteil der Körpersprache liegt darin, dass Pferde diese Sprache verstehen. Sie brauchen sie nicht erst zu lernen. Im Gegensatz zum Menschen, der diese Sprache zwar auch spricht, aber sie größtenteils unbewusst einsetzt. Er muss lernen, im Umgang mit Pferden, klare körpersprachliche Signale gezielt einzusetzen - am besten unter fachkundiger Anleitung und Beobachtung. (Es ist schwieriger als man zunächst glaubt!)
Pferde in der Herde zu beobachten, ist ein weiterer Schritt und gut investierte Zeit, um die Kommunikation mit ihnen zu verbessern und sie besser zu verstehen.

Quellennachweis

GABOR, Vivian: Mensch und Pferd auf Augenhöhe
FN: Lehren und Lernen im Pferdesport
FN: Pferde verstehen - Umgang und Bodenarbeit
FN: Richtlinien für Reiten und Fahren (Band 1, 2, 6)
LÜHRS-KUNERT, Karin: 111 Lösungswege für das Reiten
PUTZ, Michael: Reiten mit Verstand und Gefühl
PUTZ, Michael: Richtig Reiten - eine Herausforderung
SCHNITZLER, Ulrich: Pferde versammeln vom Boden aus
WENDT, Marlitt: Die Intelligenz der Pferde
WERITZ, Linda: Das Lernverhalten der Pferde
ZETTL, Walter: Dressur in Harmonie

Fotos

Für die Hilfe und die Geduld bei der Erstellung der Fotos
bedanke ich mich sehr herzlich bei:

Marie Dittmann (Sammy)
Kerstin Dallmann-Freiling (Gessami)
Franziska Hoffmann (Cito)
Sarah Jessen (Legolas)
Marlitt Rein (Cito)